PYRRHUSSIEG

Dale R. Schmidt

PYRRHUSSIEG

Über das Erreichen hinaus:

Ein Leben in Liebe und Akzeptanz

Dale R. Schmidt

Copyright © 2024 Dale R. Schmidt
dale.schmidt.ds@gmail.com
Verlag: BoD · Books on Demand GmbH, Überseering 33,
22297 Hamburg, bod@bod.de
Druck: Libri Plureos GmbH, Friedensallee 273,
22763 Hamburg
ISBN: 978-3-7597-4337-4

(*"Ἄν ἔτι μίαν μάχην νικήσωμεν, ἀπολώλαμεν."*)

"Noch so ein Sieg, und wir sind verloren!"

- König Pyrrhus (279 v. Chr.)

INHALT

EINLEITUNG

In diesem Werk geht es um das wahre Glück, die Zufriedenheit. Willkommen zu einer Reise durch die Wirren unserer modernen Welt, in der das Gleichgewicht zwischen dem Individuum und der Gesellschaft oft fragil und brüchig erscheint. Tag für Tag werden wir von einem Strudel aus Informationen, Erwartungen und gesellschaftlichen Normen mitgerissen, die uns manchmal das Gefühl geben, dass wir das Wesentliche aus den Augen verloren haben. Die Medien bombardieren uns mit Bildern von perfekten Leben und gesellschaftliche Zwänge drücken uns in Schablonen, die uns oft einengen und unsere Einzigartigkeit unterdrücken.

Inmitten dieses Chaos verlieren viele von uns die wirkliche Motivation hinter ihrem Handeln. Statt nach innerer Erfüllung zu streben, jagen wir oft einem falschen Ideal von Glück und Erfolg hinterher, dass uns letztendlich nur enttäuscht zurücklässt. Doch was ist die richtige Motivation? Wo finden wir den Kompass, der uns den Weg zu einem sinnerfüllten und zufriedenen Leben weist?

Ein Werk, das zur rechten Zeit seinen Weg in unsere Hände findet. Denn wir leben in einer seltsamen Zeit. Trotz beispiellosem Wohlstand, Freiheit und Sicherheit sind viele Menschen unzufrieden und erleben Gefühle der Leere oder Überforderung. Psychische Erkrankungen in Form von Depressionen, Burnout, Ängsten, Traumata, ungelösten Konflikten und Lebenskrisen scheinen rasant zuzunehmen. Offenbar erleben wir unsere Umwelt immer mehr als lebensfeindlich und unser seelisches Gleichgewicht als zunehmend bedroht. Wir haben Dutzende Apps und soziale Netzwerke, trotzdem zeigen Studien auf, dass man sich noch nie so allein gefühlt hat wie heute. Jährlich sterben in Deutschland immer noch deutlich mehr Menschen durch Suizid als aufgrund von Verkehrsunfällen, Drogen und HIV zusammen. Und wie sich vermuten lässt, würden wir nach der Coronapandemie noch höhere Zahlen auffinden. Das Gleiche gilt für folgende Zahlen vom Robert Koch Institut, welche aufzeigen, dass insgesamt 26 Prozent der Allgemeinbevölkerung in Deutschland 2010 unter depressiven Symptomen litten. Und dies trotz all den Errungenschaften der letzten tausend Jahre.

Was nutzt ein gesunder Körper einer "verzweifelten Seele"?

Unser Mindset oder zu Deutsch unsere Denkweise ist wichtiger als der Körper. Auch wenn, in vor allem westlichen Ländern, der Körperkult eine der relevantesten Positionen bekommt, nützt ein gesunder Körper, einem kranken Kopf nicht. Es ist sogar wissenschaftlich bewiesen, dass für unser Glücksempfinden unsere körperliche Gesundheit eine deutlich kleinere Rolle spielt als gedacht. Ein Rollstuhlfahrer kann glücklicher sein als ein körperlich gesunder Millionär. Doch mehr dazu in einem anderen Kapitel.

Nun investieren wir so viel in einen gesunden Körper und auch in unsere finanzielle Stabilität, was ebenfalls wichtig ist, aber unsere innere Freiheit und geistige Gesundheit bleiben oft auf der Strecke. Man sah sogar, dass die Wahrscheinlichkeit körperliche Beschwerden zu bekommen bei Menschen mit negativen Verstimmungen doppelt so hoch ist, als bei psychisch gesunden Menschen. Unsere Psyche beeinflusst für uns alles. Also warum nicht am Anfang von allem anfangen. Vor allem, wenn wir das eigene Glück wie einen Muskel im Fitness trainieren können.

DEFINITION GLÜCK

Hierbei muss geklärt werden, dass es sich um den Seinszustand handelt und nicht um das Glück an sich. Das eine IST man, das andere HAT man. Nur weil jemand Glück hat, muss er nicht automatisch Glück empfinden. In anderen Sprachen wird das klarer differenziert. Im Englischen steht "happiness" für glücklich sein und "luck" für Glück haben. Die Franzosen sagen dazu "le bonheur" und "la bonne chance".

Doch genau hier beginnt bereits eine grosse Verwirrung. Die meisten Menschen definieren heute ein glückliches Leben als ein Leben im Wohlstand. Ein Leben in Fülle, mit Geld, sozialer Anerkennung, Macht, Status und Statussymbolen. Doch Wohlstand, Geld, Status- sowie Statussymbole und soziale Anerkennung HAT man.

Allerdings ist die Verwirrung kein Zufall. Wenn wir uns die Evolution unserer Spezies anschauen, wird das verständlicher. Seit hunderttausenden Jahren unterliegen wir unserer Genetik, welche 2 Bestreben hat. Überleben und Fortpflanzen. Unbewusst leben wir mit jeder Tätigkeit heute noch nach diesen zwei Zielen. Doch in den letzten hunderttausend Jahren lebten wir nicht in einer so sicheren Umgebung wie heute, in der unser Überleben und unsere Fortpflanzung nicht gefährdet sind. Wichtige Indikatoren für unser Überleben und unsere Fortpflanzung waren eine materialistische und soziale Sicherheit. Wer über mehr Muskeln oder mehr Besitz verfügte, symbolisierte der Gesellschaft mehr Sicherheit. Er konnte seine Familie bei Gefahr besser verteidigen und schützen. Wer früher allein in einer unsicheren Welt überleben musste, hatte deutlich schlechtere Karten, als wenn er in einer Sippe oder Gruppe unterwegs war. Deshalb sind wir so soziale Wesen, da wir Angst vor Ausgrenzung haben, denn dies konnte früher unseren Tod bedeuten.

Wichtig ist nicht zu vergessen, dass wir trotz unserer gesellschaftlichen Entwicklung der letzten 100 Jahre immer noch die gleiche Genetik in uns tragen wie unsere steinzeitlichen Vorfahren. Evolutionär gesehen haben wir erst seit kurzem eine ganz andere Lebensgrundlage sowie einen ganz anderen Lebensstandard. Auf 10 Meter Länge, symbolisch für 200'000 Jahre Evolution des Homo Sapiens, wären es nur 3,5 Millimeter, in welchen wir mit dem heutigen Sicherheitsstandard leben. Das Streben nach sozialer Anerkennung wird uns also noch lange Zeit in den Genen bleiben. Erfolg war früher somit nützlich, um die erwähnte Anerkennung zu bekommen. Um Erfolg zu erhalten, bedarf es eines Zieles, welches es zu erfüllen gibt. Und alles, was in Verbindung mit den "genetischen Hauptzielen" Überleben und Fortpflanzung steht, gilt als erstrebenswert. Deshalb ist ein erfolgreiches Leben in unserer Gesellschaft immer noch hochpositiv assoziiert. Wir verbinden unser persönliches Glück damit, das gesetzte Ziel zu erreichen. Heute wüssten wir es besser:

WARUM ZUFRIEDENHEIT NICHT IM ERFOLG VERSTECKT IST

10 PROBLEME

1. INTRINSISCHES VS EXTRINSICHES ZIEL - Das erste Problem ist das Ziel an sich. Zu oft entscheidet man sich für ein Ziel, welches man persönlich vielleicht nicht für erfüllend hält. Es ist oft nicht für uns erstrebenswert, sondern in den Augen unserer Eltern oder von der Gesellschaft. Auch hier sind es oft Ziele, welche im Zusammenhang mit Sicherheit oder Ansehen stehen, jedoch nicht zwingend mit dem Glück. In der Psychologie redet man hier von intrinsischen und extrinsischen Zielen.

2. DER VERGLEICH - Das zweite Problem wäre, dass man bis zu diesem Ziel der besseren Umstände sich mit den jetzigen Umständen vergleicht und somit die Diskrepanz, also die Nichtübereinstimmung, sieht, was zu Unglück führt. Wie oft denkt man sich z. B.: "Ach, wenn ich diesen Traumkörper hätte, dann wäre ich glücklich." Automatisch heisst das, dass man selbst mit dem jetzigen Körper nicht glücklich ist. Søren Kierkegaard selbst sagte dazu: "Das Vergleichen ist das Ende des Glücks und der Anfang der

Unzufriedenheit." Dies gilt auch für den Vergleich mit anderen! Da wir heute zudem mit der ganzen Welt via Internet verbunden sind, steigt der Massstab, an dem sich heute die meisten vergleichen. Abgesehen davon, dass der Vergleich so lange unglücklich macht, wie lange es jemanden gibt, der mehr als wir besitzt, ist das Erreichen des grössten Fisches im Ozean zu sein, praktisch unmöglich. Doch am wichtigsten ist, dass nur einer der grösste Fisch sein kann. Dies bedeutet, dass alle anderen immer den Vergleich zu etwas "Besserem" bleibt und es demnach unzählige Verlierer und nur ein Gewinner gibt.

Hinzu kommt, dass man sich meistens spezifisch mit einem anderen Zustand oder Person vergleicht. Man vergleicht nicht alle Umstände der jeweiligen Situationen und verfälscht somit die Wahrheit. Jemand kann viel Geld besitzen, weil er sein ganzes Leben für seine Karriere aufopferte, jedoch keine Zeit für die Gründung einer stabilen Familie verfügte und sich dadurch einsam fühlt. Wenn nun jemand mit einem gesunden Ausgleich zwischen privaten sozialen Kontakten und seiner Karriere, sich nur auf finanzieller Ebene mit der ersten Person vergleicht, kann er nur der Verlierer sein. Obwohl er im gesamten Bild vielleicht über mehr bereichernde Umstände verfügen würde.

Es sollte zudem nicht in Vergessenheit geraten, dass vor allem in den sozialen Medien ein unechtes Bild abgegeben wird. Durch bewusste Inszenierung und Bearbeitung gibt man dem Konsumenten eine verfälschte Realität. Als Konsument kennt man oft keine Hintergründe zu den jeweiligen Fotos oder Videos. Niemand, der mit seinem letzten Geld in der Tasche einen Sportwagen least, teilt der Gesellschaft mit, dass er durch sein Leasing jeden Monat Stress mit finanziellen Problemen hat.

Zu"guter"letzt ist die Peer Group, also eine Gruppierung mit starkem Einfluss, heute nicht mehr Stars in Magazinen. Nein, dank der sozialen Medien sind es heute normale Leute, die mit tausenden "Follower" das Traumleben führen. Das Problem dabei ist, dass sich diese Influencer für uns viel näher anfühlen als wie früher Ausnahmemusiker oder Star-Schauspieler in Filmen. Dadurch wird der Vergleich zu unserem Leben viel früher vollzogen, was wieder mehr Schmerz und Druck ausübt.

3. HEDONISCHE TREHTMÜHLE - Das dritte Problem kennen wir theoretisch dank Harry Helson in seiner Anpassungstheorie und wurde dann mit dem Hedonischen Tretmühle-Prinzip vom britischen Psychologen Michael William Eysenck untermauert.

Man erkennt, dass das Erreichen eines Zieles oder das Erfüllen eines Wunsches eine kurze Zeit glücklich machen kann. Grund dafür sind die anfangs evolutionären Gene, welche uns mit einem kurzen Dopamin Rausch belohnen, da wir etwas für unsere Grundmotive "Überleben und Fortpflanzung" vollbracht haben. Dieses Glück stellt sich jedoch schnell wieder ein. Spätestens dann jagt man wieder dem nächsten Wunsch nach wie ein Drogensüchtiger nach seiner Droge, die ihm nur für eine kurze Zeit ein Hoch gibt. Wir dürfen uns erinnern: Der Mensch auf der Spitze ist auch der Mensch vor dem Abgrund.

4. HORROR VACUI - Das vierte Problem ist bereits in der Warteschleife des dritten Problems. Aristoteles, ein antiker Universalgelehrter, bezeichnete es damals als "Horror vacui", also auf Deutsch "die Scheu vor der Leere". Zuerst freut man sich beim Erreichen eines Zieles, aber danach verspürt man eine Leere in sich. Die Spannung und die sinnstiftende Energie sind weg, weil das Ziel, auf das man all die Zeit lang gearbeitet hat, nun erreicht ist. Doch was jetzt?

5. NIE GENUG - Für viele ist die Lösung des vierten Problems unser fünftes Problem. Man setzt sich nach dem Erreichen des Zieles ein noch höheres Ziel. Doch wann will man jemals zufrieden sein?

Als man den milliardenschweren Unternehmer John D. Rockefeller fragte, wie viel Geld genug sei, antwortete er nur mit: "Just *a little bit* more". Es ist ein ewiges Jagen nach dem Glück, ohne jemals gewinnen zu können. Das Paradoxe bei den Wünschen von uns Menschen ist, dass jeder das will, was der andere hat und keiner geniesst, was man bereits besitzt. Es gibt Millionen Menschen, die jetzt gerade auf der gleichen Kugel leben wie wir und nichts anderes lieber hätten als unser Leben.

"Was ist ein Verlangen? Ein Verlangen ist ein Vertrag, den du mit dir selbst machst, dass du unglücklich bist, bis du das hast, was du willst."
– Buddha

6. AUFGESCHOBENES GLÜCK - Das sechste Problem mit der Hoffnung, dass das Glück bei Erfolg eintritt, ist die Zeit. Man schiebt sein Glück mit Zielen auf. Doch lebt man immer für die Zukunft, welche unsicher und gar nicht existent ist, kann man sich berechtigt die Frage stellen, ob man überhaupt mal gelebt hat, da nur der jetzige Augenblick existiert. Die Zukunft selbst ist nichts als ein Gedankenkonstrukt aus Erfahrungswerten. Bei Zielen aber übt man all seine Tätigkeiten aus einer "um zu" Haltung aus. "Ich mache Sport, um zu gefallen." Somit ist man selbst bis zum Erreichen eines Zieles nicht genug.

7. ERFOLGSWAHRSCHEINLICHKEIT - Und wenn wir schon in der Zukunft sind, können wir einen Blick auf das siebte Problem werfen. Die Erfolgswahrscheinlichkeit und dessen Konsequenzen. In allem ist heutzutage die Konkurrenz so gross wie noch nie in der Menschheitsgeschichte. Es gibt immer bessere Ausbildungen in immer mehr Ortschaften der Welt. Dazu gibt es immer mehr Menschen, die auch alles für den Erfolg opfern. Aus der Masse herauszustechen ist heute so schwierig wie noch nie. Die Möglichkeiten sind zwar deutlich besser als früher, doch dies gilt für alle Menschen. Ist es das Risiko also wert, sein Glück aufzuschieben, bis man die soziale Anerkennung oder materiellen Erfolg hat, um es, nach Unmengen an Zeit und Energie, nicht einmal zu erreichen?

8. VERÄNDERUNG - Das achte Problem dabei ist, dass die einzige Konstante im Leben Veränderung ist. Das gilt auch für die eigene Persönlichkeit. Wenn sich Persönlichkeiten ändern, ändern sich die Ziele auch. Doch Erfolg eines Zieles stellt sich meistens nur mit Ausdauer und Geduld ein. Das Risiko, auf der Hälfte des Weges bereits kein Interesse mehr am gesetzten Ziel zu spüren und sich die zweite Hälfte unmotiviert zum Erfolg zu schleppen, führt nur noch zu mehr Frust und Prokrastination. Oft verspürt man hier nicht den kurzen Dopamin Rausch nach Erreichen des Zieles, da das Ziel nicht mehr attraktiv war.

9. DER PREIS DES ERFOLGES - Die zuvor angesprochenen Konsequenzen ergeben das neunte Problem. Selbst wenn man das Ziel nach all dem immensen Aufwand erreicht und man der Gewinner ist, verliert man allzu oft alle anderen Bereiche im Leben. Zerstörte Familien, die man vernachlässigt hat. Freunde, die entweder eifersüchtig sind oder sich auch nicht wertgeschätzt fühlen. Bekannte und Verwandte, denen man nicht mehr trauen kann, da man unsicher ist, ob sie nur freundlich und nett sind, um vom Erfolg zu profitieren.

Auch wenn man immer viele Leute um sich hat oder täglich von dutzenden Personen kontaktiert wird, kann man sich trotzdem einsam fühlen. Und als ob das nicht reicht, kann man sich an Luxus und Erfolg oftmals nur erfreuen, wenn man ihn mit anderen teilen kann.

Doch selbst wenn man all dies in Kauf nimmt und nach einem kleinen Erfolgsgefühl wieder zum nächsten Ziel aufbricht, bleibt die letzte Errungenschaft zugleich eine Last. Warum?

10. Problem: Die Last durch VERLUST-ANGST und Abhängigkeit, weil man die hart erarbeiteten Gewinne nicht mehr verlieren will. Man gewöhnt sich an den neuen Standard und identifiziert sich sogar damit. Man ist stolz auf den neuen "Titel" oder neuen Besitz und will sich

somit von anderen Menschen absetzen. Die Gefahr, wenn man seine Persönlichkeit mit Besitz und Errungenschaften identifiziert, ist, dass man Angst verspürt, diese wieder zu verlieren.

Ein besserer Lifestyle mit Karibik Ferien und eine moderne Wohnung sind mit höheren Kosten verbunden, welche wiederum durch mehr Arbeit finanziert werden müssen. Das Hamsterrad, in dem man gefangen ist, wird zu Gold, doch es bleibt ein Hamsterrad, in dem man gefangen ist. Die Angst, den schwer erkämpften Reichtum oder Status wieder zu verlieren, zeigt sich auch in Zahlen. Laut einer Umfrage des US-Vermögensverwalters BlackRock Externer sind inzwischen für 55 % der Schweizer und Schweizerinnen ihre Finanzen der Stressfaktor Nummer Eins. Diese Mischung aus Verlustangst über etwas, was nicht in alleiniger Kontrolle von uns liegt, und die emotionale Abhängigkeit führt zu Druck, Stress und Angst. So kann man weder frei noch glücklich sein. Man hört oft, dass wertvolle Dinge schwer zu erreichen sind, denn wenn sie nicht schwer zu erreichen wären, wären sie nicht wertvoll. Auf diese Weise schleichen sich nicht wertvolle, aber schwer erreichbare Dinge in unsere Wünsche ein, ohne dass wir es merken. Etwas Wertvolles zu erlangen, ist oft schwierig, aber nur weil es schwierig ist, heisst das nicht, dass es wertvoll ist.

Die Fairness des Glücks: Ein ruhiger Verstand, ein glückliches Herz, einen fitten Körper und Liebe seiner Engsten kann man sich nicht kaufen. Anders als bei finanziellem Erfolg - Der Ökonom Bhashkar Mazumder zeigte, dass das Einkommen von Brüdern stärker korreliert als ihre Grösse oder ihr Gewicht. Es liegt an der menschlichen Psyche, die die Rolle des Glücks bei finanziellen Erfolgen über- oder unterschätzt. Der Sozialpsychologe Paul Piff von der Universität Berkeley führte ein Experiment durch, bei dem er Menschen Monopoly spielen liess, wobei einige mit deutlichen Vorteilen ausgestattet wurden. Die reichen Spieler zeigten schnell ein dominantes Verhalten und demonstrierten ihre Überlegenheit, während die armen Spieler kaum eine Chance hatten. Nach dem Spiel vergassen die reichen Spieler oft, dass ihre Vorteile nicht auf ihre Leistung, sondern auf Zufall zurückzuführen waren.

Erfolg erklären wir mit harter Arbeit, Misserfolg mit Pech. Im Umgang mit anderen Menschen neigen wir dazu, Misserfolg eher Charakterschwächen wie Faulheit zuzuschreiben als dem Zufall. Die heutige Wissenschaft geht eher davon aus, dass finanzieller Erfolg grösstenteils von unkontrollierbaren Faktoren abhängt. Zufriedenheit hingegen kann jeder erreichen. Somit erkennen wir als ersten Grundsatz zum Glücklichsein: Kein bestimmtes Erreichen eines Ziels wie äusserlicher Reichtum, Macht oder Status führt zu langfristigem Glück!

Übrigens, wenn man sich das Wort Luxus ety-
mologisch genauer anschaut, sieht man, dass das
Wort aus dem Lateinischen kommt und auf
Deutsch übersetzt "Verschwendung" bedeutet.
Oft hört man, dass der Kaufgrund von Luxuspro-
dukten die bessere Qualität sei. Doch in Wahrheit
ist dies nicht die wirkliche Kaufmotivation. In einer Studie, welche im Journal of Experimental
Social Psychology 2020 publiziert wurde, stand
geschrieben, dass der Hauptgrund der Wunsch
von einem erhöhten Selbstwertgefühl ist. Zudem
ist es kein echter, von sich selbst entstandener
Selbstwert, sondern ein kläglicher Versuch davon. Man kann sich nicht auf ihn verlassen, sowie
beim inneren Selbstwert, welcher stabil wie ein
Fels in der Brandung steht und jederzeit abrufbar
ist.

Doch warum passiert uns dies? Weshalb fallen
wir stets in unser eigen ausgegrabenes Grab?
Hierfür gibt es zwei Mitschuldige:

Mitschuldiger Nummer 1:
Medien, Wirtschaft und Gesellschaft

2020 verbrachten Menschen in der westlichen
Welt durchschnittlich über 3,5 Stunden täglich
vor dem Fernseher. Täglich sind wir 3.000 bis
5.000 Werbebotschaften ausgesetzt, die auf emo-
tionales implizites Lernen setzen. Unbewusst
speichern wir deren Informationen, während wir
in einem ständigen Prozess des impliziten

Lernens stecken. Werbung beeinflusst uns emotional und konditioniert damit unser Konsumverhalten seit Jahrzehnten. Und das mit Erfolg; Robert Waldinger sah bei einer Studie, dass für mehr als 80 % der jungen Erwachsenen das wichtigste Lebensziel finanzieller Reichtum ist und 50 % der gleichen Studienteilnehmer gaben auch noch Berühmtheit an. Plato merkte bereits 400 Jahre vor Christus, dass die Gesellschaft die falschen Helden bewundert: Die Reichen und die Athleten, welche machtvolle Menschen im materiellen Sinne, nicht aber zwingend im Geistlichen waren.

Mitschuldiger Nummer 2:
Unsere Vergangenheit

Wir haben von unserer Evolution bereits gelernt, warum wir stets Erfolg und Anerkennung nachjagen. Doch es kommt noch besser: Die glücklichen Menschen sind bereits ausgestorben. Es bleiben die Unglücklichen. Ein Optimist in der Steinzeit sah hinter einem Busch keine Gefahr und dachte eher, dies wäre vielleicht ein Hase. Vermutlich war auch 9 von 10 Mal hinter dem Busch keine Gefahr, doch als beim 10. Mal ein Tiger da war, überlebte der Steinzeit-Optimist nicht. Ein Pessimist hingegen, der immer und überall mögliche Gefahren sieht, überlebte eher in der damaligen unsicheren Umgebung. Und genau von diesen überlebenden Pessimisten stammen wir ab. Darum ist unser Gehirn immer noch auf Gefahr, Sorge und Angst programmiert, was damals auch berechtigt und gut war, doch heute in einer sicheren Umgebung illegitimer ist.

Der allgemein bekannte deutsche Philosoph Arthur Schopenhauer sagte auch, dass wir nicht gemacht sind, um glücklich zu sein, sondern um das bestmögliche Resultat für die Evolution zu sein. Er sagte, wir seien blind vom Willen zu überleben. Indem wir Jobs auswählen, welche besser bezahlt sind, statt Jobs, welche uns Freude bereiten. Indem wir die Meinung anderer bezüglich uns selbst mehr bewerten als die eigene Meinung. Indem wir ein vernünftiges Leben führen, mit den immergleichen Fehlern und immergleichen Taten, anstatt dass wir neue Erfahrungen suchen und uns weiterentwickeln. Doch was sagt die Wissenschaft? Liegt das Glück in unseren eigenen Händen?

WISSENSCHAFT

Es ist nicht einfach in der erst kürzlich aufkommenden Glücksforschung evidenzbasierte Studien über solch eine schwer messbare Thematik zu finden. Es gibt bei den meisten Studien und Thesen kritische Meinungen. Jene Erkenntnisse, welche sich mit anderen Experimenten und Metaanalysen glichen und weitestgehend von Experten anerkannt werden, haben uns jedoch einige spannende Denkanstösse zu bieten. Eine der wohl ersten interessanten Erkenntnisse ist das Easterlin-Paradox.

Der Wirtschaftswissenschaftler Richard Easterlin kam bei 30 internationalen Studien zwischen 1946 und 1970 immer auf das gleiche Ergebnis bezüglich der Wirtschaft und dem Glücksempfinden. "Wenn grundlegende Bedürfnisse gestillt sind, führt mehr Reichtum nicht zu mehr Glück." Man kann also sagen, dass es auf keiner Ebene der Lebensstandards keine Probleme gibt. Die Probleme bekommen vielleicht ein Upgrade – bleiben aber immer noch ein Problem.

Aktuellere Glücksforschungen bestätigen dies mit mehreren Studien. Von Dr. Sonja Lyubomirsky bekamen wir 2005 eine Grafik zu Gesicht, bei welcher der jeweilige Anteil für das Mass an Zufriedenheit eines Menschen verantwortlich ist. Hierbei sieht man, dass 50 % unseres subjektiven Wohlbefindens genetisch veranlagt ist. Man erkannte schnell, dass zum Beispiel Kinder von Eltern mit Depressionen im Schnitt häufiger auch unter Depressionen litten als Kinder mit glücklichen Eltern. Selbst wenn in beiden Fällen die Kinder ohne ihre Eltern aufgewachsen sind. Der einzige Einfluss beider Eltern war also die DNA. Auch wenn das zunächst ernüchternd sein mag, bleiben uns dennoch die anderen 50 %, die wir leichter beeinflussen können. Das Spannende dabei ist: Nur 10 % unseres Glücksempfindens sind von externen Faktoren abhängig und ganze 40 % hängen von unseren Handlungen, Gedanken und Einstellungen ab. Wenn die Lebensumstände nur etwa 10 % unseres Glücks ausmachen, dann kann es durchaus sein, dass wir diesem Aspekt viel zu viel Zeit und Energie widmen, während wir vielleicht fruchtbarere Lebensbereiche vernachlässigen.

Aktuellere Studien und Untersuchungen in der Verhaltensgenetik, die den Einfluss von Genen auf das Verhalten von Menschen untersuchen, zeigen bezüglich des Glücksempfindens eine ähnliche Gewichtung der Faktoren. Sehr interessant sind die Ergebnisse von Brickman, Coates & Janoff-Bulman, welche unfallgelähmte Menschen, sowie auch Lotto-Gewinner, welche ein grosses Vermögen gewonnen haben, zu ihrem Glücksempfinden befragten. Verständlich waren die Glückspilze, welche im Lotto gewonnen haben, vorerst um einiges zufriedener als die kürzlich verunfallten Gelähmten. Jedoch konnte man erkennen, dass nach einigen Monaten die Lottogewinner nur noch minimal glücklicher waren als die Unfallopfer, die für ihr restliches Leben stark eingeschränkt waren. Erstaunlich war zudem, dass das erwartete Glück der Gelähmten und ihre Freude an alltäglichen Aktivitäten sogar etwas höher als bei den Lottogewinnern war. Studien zeigen aber auch, dass höhere Gehälter manchmal die Zufriedenheit steigern, jedoch ist die Bedeutung von Geld kulturabhängig. In Gesellschaften, in denen finanzieller Wohlstand stark betont wird, bewerten Reiche sich oft glücklicher als Ärmere, da sie sich an ihrem relativen Status orientieren.

"Würdest du lieber in einer Welt leben, in der du mehr als dein aktuelles Gehalt bekommst, aber dafür weniger als deine Mitmenschen, oder in einer Welt, in der du zwar weniger Geld verdienst als jetzt, dafür aber mehr als die Menschen deiner Umgebung?" Vor die Wahl gestellt, haben die meisten Leute bei Befragungen die zweite Option gewählt. Der Verzicht auf das höhere Einkommen, nur um über mehr zu verfügen als unsere Mitmenschen, besagt, dass es uns mit dem Geld eigentlich wieder nur um Anerkennung geht, nicht aber das Geld an sich. Ist das erfolgreiche Leben nur ein Pyrrhussieg?

DAS ERFOLGREICHE
LEBEN
ALS PYRRHUSSIEG

"Erwarte nicht, dass das Ziel dir Reichtum schenkt. Das Ziel schenkte dir die schöne Reise." - Konstantinos Kavafis

Machen wir für dieses Kapitel eine kleine Zeitreise ins Jahr 280 vor Christus, wo ein König im heutigen Griechenland, das damalige instabile Süditalien, für sich gewinnen wollte. Dieser König war Pyrrhus von Epirus und sein Gegner war das damals noch kleine römische Reich. Für ihn war dies eine Möglichkeit, seine Macht zu erweitern und sich zum König aller Westgriechen zu betiteln. Da ihm diese Errungenschaft viel Ruhm einbringen würde, reiste er mit 25'000 Mann und 20 Kriegselefanten nach Italien. Er gewann die erste Schlacht gegen die Römer. Zwar konnte König Pyrrhus auch die zweite Schlacht gewinnen, allerdings unter noch herberen Verlusten als bei dem vorderen Sieg gegen die Römer. Deshalb soll er nach der zweiten Schlacht gesagt haben: "Noch so ein Sieg, und wir sind verloren!" Diese hohen Verluste führten schliesslich wirklich dazu, dass er zwar mehrere Schlachten, nicht jedoch den Krieg gewann.

Dies wird heute als ein Pyrrhussieg betitelt. Um genau darum geht es in diesem Kapitel. Metaphorisch stehen die gewonnenen Schlachten für die harten Kämpfe, welche man für Erfolg zu gewinnen versucht und der verlorene Krieg steht für das zufriedene und erfüllte Leben, welches dabei meist auf der Strecke bleibt.

Diese Geschichte verdeutlicht die Gefahr, in den Wettstreit um Macht zu geraten. Sie ist eine Warnung, die uns lehrt, rechtzeitig umzudenken, bevor wir alles verlieren, was uns wichtig ist. Die Aussage, dass Kapitalismus und Neoliberalismus desaströs seien, wäre zu einseitig. Der starke Konkurrenzkampf brachte uns grosse Errungenschaften. Nur ist es wichtig zu wissen, was der Kapitalismus ist und wozu er führen kann. Ein Bewusstsein dafür zu entwickeln, um sich von den negativen Folgen bestens zu schützen und die positiven Seiten daran zu geniessen, ist hilfreich, um sich selbst in der Gesellschaft zurechtzufinden. Jedoch sind wir als Gesellschaft noch weit davon entfernt. Ständig stehen wir alle unter Stress. Es kommt zu Spannungen und Misstrauen zwischen verschiedenen sozialen Gruppen. Alle machen sich gegenseitig Vorwürfe und belasten dadurch unnötigerweise das Leben des anderen.

Es stimmt zwar, dass gezielter Stress, auch Eustress genannt, fördernd sein kann. Doch nicht in diesem Ausmass und mit der Intention, wie es heutzutage der Fall ist. Dieser Stress kann in der Gesellschaft eine Kettenreaktion auslösen, nämlich dass Stress die Bereitschaft zur Empathie verringert. Und das kann wiederum andere gravierende gesellschaftliche Folgen haben. Auf diese Weise können sich Unsicherheit und Stress wie ein Virus in der Gesellschaft verbreiten.

Ausserdem fühlt man sich oft weniger wert, wenn man in der Konsumgesellschaft nicht mit den anderen mithalten kann. Das kleine Auto, die alte Wohnung und der unsportliche Partner werden als weniger angesehen als der schnelle Mercedes, die moderne Wohnung und der durchtrainierte Partner. Somit fühlt man sich weniger wertvoll, wenn man Ersteres besitzt. Doch nichts davon definiert die Person selbst. Wir sind weder unser Auto noch unsere Wohnung, weder unsere Partner. Eine Verbindung von unserem materiellen Wohlstand und uns als Mensch zu kreieren, ist schlichtweg irreführend.

Öffentliche Anerkennung und Wertschätzung eines teuren Lebensstils sind letztlich nur Meinungen. Menschen bewerten Dinge, nicht andersherum. Solche Urteile entstehen oft unbewusst, beeinflusst von den Gedanken anderer, schlechter Kommunikation und emotionalen Verzerrungen. Von klein auf wurde uns beigebracht, erfolgreiche Menschen als Gewinner und minderbegüterte Menschen als Verlierer zu betrachten. Ein

Verlierer zu sein bedeutet, jemand zu sein, der keinen Erfolg im Leben hat. Jedoch ist Erfolg immer eine Frage der Perspektive. In der heutigen Gesellschaft gilt für viele jemand als Verlierer, der wenig Besitztümer, keinen besonderen Beruf oder kein Vermögen hat. Jemand, der sich dazu schlecht kleidet und keine grosse Anerkennung in sozialen Medien geniesst. Somit wäre ein freundlicher, entspannter Ehemann, welcher in einer langweiligen Fabrik arbeitet, in den Augen der heutigen Gesellschaft weniger erfolgreich als ein chronisch gestresster Multimillionär, welcher mehrere Unternehmen leitet, jedoch weder Zeit noch Liebe für sich oder seine 3. Ehe mit Kindern hat.

Man erkennt schnell, dass alles seine Kosten hat. Deshalb sollten wir niemanden beneiden, der ein höheres Ansehen oder mehr Reichtum besitzt als wir selbst, da dies nichts über seine Zufriedenheit aussagt. Wir wollen keine Stars oder Herrscher sein, sondern frei und glücklich.

Wir sehen, ein "Verlierer" zu sein, hindert uns nicht, glücklich und frei zu sein. Zu versuchen, kein "Verlierer" zu sein, jedoch schon.

Fragen wir uns doch: Wer strebt wirklich nach Reichtum, Karriereerfolg, Macht oder sozialer Anerkennung? Jeder? Nein!

Der Mensch strebt stets nach Dingen, die er nicht hat. Niemand träumt davon, sich in den Malediven zu bräunen, während man sich in den Malediven bräunt. Auch bekannt durch den Spruch: *Macht sucht, wer "Ohn-macht" spürt.* Somit sehnen sich Arme nach Reichtum, Unbeliebte nach Beliebtheit, Ungeliebte nach Liebe, Schwächlinge nach Stärke und nur ein Wicht sehnt sich nach "Wicht-igkeit."

Dies gilt nicht nur für das Individuum, sondern betrifft die ganze Gesellschaft. Positionen, welchen viel Macht zugesprochen werden, werden leider zu oft von pathologischen Persönlichkeiten angezogen.

Was nicht heissen soll, ein Ziel zu haben, wäre etwas Schlechtes, noch man solle Besitztümer ablehnen und wie ein Kyniker ohne Bedürfnisse in finanzieller Armut leben. Ziele können eine Handlung in Gang setzen und auch finanziellen Reichtum kann man geniessen. Doch falsch wäre es, sich davon emotional abhängig zu machen. Dies ist auch ein Grundpfeiler des Stoizismus. Eine Philosophie, bei der man auch nach "Eudaimonia", also dem "tiefen Seelenglück" gesucht hat und sich fragte, wie man das Beste für sich und die Gesellschaft herausholen kann, dazu langanhaltend glücklich und gelassen sein kann, selbst in stürmischen Zeiten.

Auch der Buddhismus pflegt diese Gedanken in einer kleinen Geschichte. Ein Diener war seinem Herrscher Jahrzehnte stets treu. Dieser Herrscher wollte sich bei seinem Diener dafür bedanken und sagte ihm, er habe einen Wunsch frei und ganz egal, was er sich wünsche, sein Herrscher würde ihm es geben, ohne Ausnahme. Der Diener ging in sich und sagte darauf: *"Nichts, mein Herrscher, was Sie mir geben könnten, gibt mir Seelenfrieden, weil alles, was Sie mir geben könnten, können Sie mir auch wieder nehmen."* Diese kleine Geschichte soll uns zeigen, dass das, was wirklich wichtig ist, unauffindbar in Ansehen, Macht oder Besitz ist. Wie selten teilen wir unseren materiellen Reichtum mit anderen, doch schenken ihnen einen Platz in unserem Kopf? Wie will man langfristig glücklich sein, wenn die Meinung anderer für uns wichtiger ist als unser eigenes Glücksempfinden?

Interessant ist auch, sich selbst zu fragen: Wann ist mein Selbstwertgefühl sehr hoch? Typische Antworten sind: *"wenn ich geliebt, gebraucht und gelobt werde. Wenn ich erfolgreich und wichtig bin."* Zusammengefasst bei Anerkennung, welche im Aussen verhaftet ist und somit Fremdwert ist. Also der Wert, welche wir für andere haben. Wir nehmen Kritik darum so persönlich, weil wir anderen Menschen mehr Macht über uns und unser Glücksempfinden geben als uns selbst.

Oft denken wir, wir müssen etwas TUN, um etwas zu HABEN, um etwas zu SEIN. Anstatt zu denken, dass wir etwas SIND und darum etwas TUN, um dann nebensächlich noch etwas dafür zu HABEN. Vielleicht wird es Zeit, als Gesellschaft umzudenken. Wie wäre es, in einer Welt zu leben, in welcher Berühmtheit und Status nicht wichtig sind? Wie wäre es, in einer Welt zu leben, in welcher finanzieller Reichtum nicht per se positiv ist, sondern als neutral empfunden wird? Eine Welt, in welcher man sich nicht gegenseitig konkurriert? In welcher man nicht etwas haben muss, um etwas zu sein? Ein Leben, in dem man nicht lebt, um blindlings Ziele zu jagen, sondern um das Leben selbst mit Erlebnissen und Harmonie zu füllen. Dem Leben wegen.

In manchen Teilen Indiens wird eine Kiste oder Kokosnuss mit einer kleinen Öffnung und einem Köder darin verwendet, um Affen zu fangen. Die Öffnung ist gerade gross genug, damit der Affe seine leere Hand hineinstecken kann. Doch sobald er das Futter ergreift, ist die Öffnung zu klein, um die Hand samt Beute herauszuziehen. Solange der Affe nicht loslässt, bleibt er gefangen – obwohl er sich mit einem einfachen Loslassen befreien könnte. Die Moral der Geschichte lautet: Gier hat ihren Preis! Wir versuchen, wie der Affe so stark, alles "in den Griff zu bekommen", dass wir aus einem Spiel einen Kampf machen. Nach dem Motto: Der Mensch leidet nur, weil er ernst nimmt, was die Götter aus Spass gemacht haben.

Um aus dem viel zitierten Hamsterrad auszubrechen, müssen wir uns von der Abhängigkeit vom Übermass befreien. Statt höher, schneller, weiter sollten wir also zuerst das Genug lieben lernen. Als Gradmesser hierfür kann unsere Aufmerksamkeit fungieren. Haben wir noch den Überblick, welche Sachen wir alle besitzen oder besitzen die Sachen bereits uns? Reduzieren wir uns auf einige wenige wichtige Dinge, werden wir mehr Freude an ihnen haben.

"In der Hoffnung, den Mond zu erreichen, vergisst der Mensch, auf die Blumen zu schauen, die zu seinen Füssen blühen."

– Albert Schweitzer

Viele Stars haben es uns bereits bestätigt: Manche müssen auch erst etwas besitzen, um zu sehen, dass es nicht wirklich das Wahre ist. Nach dem Motto: "Gehabt zu haben" befreit vom "Haben müssen".

Das Leben passiert zwischen den vermeintlich wichtigen Dingen wie schöneren Auto, Haus, Pokalen oder einer Beförderung. Wir dürfen verstehen, dass wir bereits jetzt genug sind und niemand ausser uns selbst unser Selbstwert bestimmen kann. Wir brauchen nichts, was wir nicht bereits selbst in uns haben. Und wir haben

die Möglichkeit, uns selbst und das Leben spiele-
risch zu entdecken, ohne Absicht, von allen ge-
mocht zu werden, weil wir nicht dazu da sind, die
Erwartungen der anderen zu erfüllen. Aber auch
niemand ist dazu da, unsere Erwartungen zu erfüllen. Deshalb müssen wir uns zunächst geistig
von der Gesellschaft abgrenzen, um uns selbst zu
erkennen.

WER BIN ICH WIRKLICH

"In Widerspruch zur eigenen Vernunft zu le-
ben, ist der unerträglichste aller Zustände." –
Lew Tolstoi

Wir wissen und verstehen jetzt, dass sich die
meisten von uns mehr oder weniger von gesellschaftlicher Anerkennung und somit indirekt von
Besitz und einem angepassten Verhalten abhängig machen. So bleiben wir auch, wenn wir nicht
bewusst dagegen vorgehen. Hinzu kommt der
Bandwagon-Effekt oder auch Snob-Effekt genannt. Es ist die Bereitschaft, sich mit seinen Einstellungen und Verhaltensweisen der Mehrheit
anzuschliessen. Zum Beispiel möchten Wähler
gerne auf der Gewinnerseite sein, das heisst, sie
wählen eher die Kandidaten, von denen sie erwar-
ten, dass sie siegreich sein werden. Diesen Mit-
läufer-Effekt sehen wir auch bei unserer Konsumgesellschaft. Wir kaufen oft nicht das, was uns
persönlich gefällt, sondern das, was der Gesellschaft gefallen soll. Da wir eigentlich nicht wirklich wissen, was wir wollen, begehren wir das,
was alle anderen wollen. Wir haben all die vorge-
gebenen Regeln und Ideale so sehr verinnerlicht,
dass uns als Erwachsener niemand mehr von aussen massregeln muss: Wir haben uns selbst do-
mestiziert. Nach Platons Höhlengleichnis ist die
Wahrheit etwas, was wir nur selten sehen, weil

wir von jung auf durch die Filter und Glaubenss-
ätze der Gesellschaft die Wahrheit kaum mehr erkennen können. Doch nur schon zu verstehen, wie
es dazu gekommen ist, dass so viele von uns un-
freiwillige Mitglieder im Klub der Gehetzten geworden sind, hilft unsere Lösung zu finden. Es ist
kein Vorwurf, sich im Hamsterrad des Alltags zu
bewegen, anstatt sein wahres Selbst zu leben.
Denn es erfordert innere Kraft, unbewusste innere
Blockaden zu überwinden – das ist oft alles andere als einfach. Wir neigen dazu, stets den Weg
des geringsten Risikos zu wählen, doch das
grösste Risiko besteht darin, überhaupt keine Risiken einzugehen! Vor allem in der heutigen sicheren Welt.

Das Problem ist unser wachsender Drang nach
Sicherheit. Je älter wir werden, desto mehr wird
aus der Suche nach Glück eine Suche nach Schutz
– so, als sehnten wir uns nach einer permanenten,
warmen Umarmung. Wir wollen uns dauerhaft
geborgen fühlen und projizieren diesen Wunsch
auf unsere Partnerinnen, Freunde und Verwand-
ten. Doch die ernüchternde Wahrheit lautet: Es
gibt im Leben keine Garantien. Das Leben ist
flüchtig und wir alle sind letztlich für uns selbst
verantwortlich. Viele Philosophen sahen dieses
falsche Sicherheitsdenken, sich der Herde anzu-
passen, anstatt sich selbst auszudrücken, als gefährlich an. Zum einen gefährlich für die persönliche Erfüllung des Lebens und zum anderen für

den Fortschritt der Gesellschaft im Gesamten, da genau diese "Verrückten" bislang die Welt vorangebracht haben. Einer der wohl prägendsten Philosophen der Geschichte, der sich für Authentizität und Selbstbestimmung eingesetzt hat, ist Jean-Paul Sartre. Der Existentialist prägte den Begriff der *mauvaise foi* (Selbsttäuschung). Damit beschreibt er, wie wir uns selbst belügen und vortäuschen, indem wir die Verantwortung für unser eigenes Leben und Handeln ablehnen. Sartre wohl bekanntestes Beispiel handelt von einem Kellner, welcher die Rolle als Kellner spielt, indem er sich etwas zu schnell und genau bewegt. Er macht sich selbst zum Objekt für die Welt, da die Welt sich so einen Kellner vorstellt. Der Kellner ist jedoch nicht wirklich der Kellner, er spielt nur die Rolle eines Kellners. Sobald er die Arbeitskleidung auszieht, verhält er sich nicht mehr wie ein Kellner. Viele Menschen identifizieren sich mit ihrem Job oder äusseren Umständen, da dies leichter ist, als sich selbst wahrzunehmen und zu sein. Die wenigsten Menschen sind deshalb offen, weil sie an ihr Ego gebunden sind. "Ich bin Banker, ich bin Traditionalist, ich bin Modernist, ich bin BMW-Fahrer." Doch all diese Rollen sind nur Rollen – man kann sie nicht wirklich sein. Der Reiseprospekt ist nicht die Reise. Die Speisekarte ist nicht die Mahlzeit. Der Hauptgrund, warum wir uns selbst zum Objekt machen, ist laut Sartre das Geld. Wir verkaufen unsere Freiheit für bedrucktes Papier. Er sieht im

Kapitalismus eine Maschine, die uns Bedürfnisse vorgaukelt, die in Wirklichkeit keine sind. Es kann sehr befreiend sein, zu verstehen, dass dieser Status quo nicht unvermeidlich ist. Im Grunde können wir sein und leben, wie wir wollen, weil wir frei sind. Doch es scheint, als ob wir in einem Film voller Statisten leben: Die meisten Menschen agieren kaum noch, sie reagieren nur noch. Dabei vergisst man sich selbst und wird somit Statist im Leben anderer Menschen, welche wiederum Statisten sind im Leben anderer. Obwohl die einzige direkte Verantwortung, die wir tragen, unsere eigene ist.

Auch die Psychologie erkannte durch viele Jahre der Analyse, dass der Mensch, solange er unbewusst lebt, blind ein ferngesteuertes Leben führt. Auch erkennbar im Default-Effekt. Dies ist eine übermässige Bevorzugung derjenigen Option, bei der ein Akteur keine aktive Entscheidung trifft. Sogar ganze Systeme sind davon betroffen, wie bei der Organspende beobachtet werden kann. Vergleichen wir hier Österreich und Deutschland als kulturell sehr ähnliche Länder. In beiden Ländern ist die Organspende freiwillig. Deutschland hat ein sogenanntes Opt-in System – Organspender kann jeder werden, der dies möchte. Damit erreicht Deutschland, dass 12 % der Bevölkerung Organspender sind. Vergleichen wir dies doch nun mit Österreich und ihrem Opt-out System. Jeder hat das Recht, zu entscheiden, dass er seine Organe nicht spenden möchte. Der

Default jedoch ist, dass jeder Organspender ist. Dadurch sind in Österreich 99,98 % der Bevölkerung Organspender. Eine Reihe von verschiedenen Erklärungen wurden für den Default-Effekt entwickelt, warum solch zufällige Voreinstellungen die Auswahl lenken. Dazu gehören Bequemlichkeit, Transaktionskosten, Verlustaversion, also die Tendenz, Verluste höher zu gewichten als Gewinne, "Qual der Wahl" und den Unterlassungseffekt, also die Überschätzung der Risiken bei Handlungen im Vergleich zu Nicht-Handlungen. Der Default-Effekt lässt sich in etlichen Lebens- und Themenbereichen nachweisen. Bestimmt jeder von uns kennt mindestens ein Paar, welches eigentlich glücklicher wäre, wenn sie sich trennen würden, doch trotzdem zusammenbleiben. Aber was nun?

EXIT

Zwei der wichtigsten Weisheiten im Buddhismus sind:

1. "Leben ist Leiden."
2. "Die Ursache des Leidens ist Anhaftung."

Anhaften an den Titeln, die wir uns geben oder geben lassen. Etiketten wie berufliche Titel, welchem Fussballverein man zugehört, die Marken, die man trägt, Nationalität, Ernährungsgewohnheiten wie Veganismus oder die Zugehörigkeit einer politischen Partei haften unsere Persönlichkeit an eine fixe Struktur. Doch solange wir ernsthaft denken, wir sind diese Etiketten, können wir uns nicht weiterentwickeln, da wir uns Grenzen setzen, welche es eigentlich gar nicht gäbe. Hinzu kommt, dass wir uns selbst so gar nie entdecken können und dadurch viele Möglichkeiten und Erlebnisse verborgen bleiben.

Zu guter Letzt machen wir uns sogar noch emotional abhängig von externen Umständen. Wenn jemand unseren Lieblingsverein kritisiert, fühlen wir uns persönlich angegriffen und reagieren oftmals mit einer direkten und primitiven Abwehrhaltung. Anstatt den Gedanken des anderen überhaupt zu überprüfen, rechtfertigen wir uns. Kreative und logische Unterhaltungen, von welchen beide profitieren würden, können so niemals entstehen. Dadurch kann man nicht gemeinsam die Wahrheit finden, sondern bleibt in seinem eigenen Weltbild haften.

Im Extremfall enden wir wie etwa die Deutschen im 2. Weltkrieg, wo normale und psychisch gesunde Menschen Gräueltaten vorbrachten. Je mehr man seine soziale Identität, zum Beispiel die Nationalität, wie die Deutschen im Zweiten Weltkrieg, betont, desto stärker neigt man zur Abgrenzung und defensiven Haltung gegenüber anderen.

Etiketten sind für Flaschen

Charles Cooley sagte einst: *"Ich bin nicht so, wie du denkst. Ich bin nicht so, wie ich denke. Ich bin so, wie ich denke, dass du denkst, wie ich bin."*

Die meisten Menschen sind damit beschäftigt, sich selbst in anderen zu erkennen, weshalb sie sich nicht wirklich um andere kümmern. Dies führt zur Inklusion, dass es sowieso keine Rolle spielt, was andere von uns denken, da sie sich sowieso die meiste Zeit nur um sich kümmern. Doch wie können wir uns vom Wunsch nach Reichtum, Beliebtheit und falschen Identifikationen befreien? Wie können wir über uns hinauswachsen und unsere Maske fallen lassen?

Zuerst braucht es Monotonie. Wir sind ständig agitiert von äusseren Einflüssen, dass wir uns selbst gar nicht mehr kennen und spüren. Man kommt nicht mal mehr als 30 Sekunden mit sich selbst aus. Immer sucht man einen Dopaminrausch beim Handy mit den "sozialen Medien" für Streicheleinheiten. Vieles ist meist nur eine Ablenkung von uns selbst und unserem

Innenleben. Früher ging man allein in den Wald. Dies nennt man heute noch das Konzept der Waldeinsamkeit – in der asketischen Tradition des Hinduismus spielt die durch den Vānaprastha "Waldmönch" freiwillig aufgesuchte Waldeinsamkeit eine massgebliche Rolle, ebenso wie im Buddhismus oder in westlichen Kulturen. Im europäischen christlichen Mönchtum suchten bis ins späte Mittelalter Einsiedler und Eremiten ihre Zuflucht in der Abgeschiedenheit des Waldes.

Heute wäre das genauso wirksam, wenn man sein Handy nicht mitnimmt. Deshalb ist Digital Detox, auf Deutsch "digitale Entgiftung", heute umso interessanter. Während einer bestimmten Zeitspanne soll die Nutzung elektronischer Geräte wie Smartphones, Tablets, Computer sowie Fernsehen und Internet eingeschränkt werden.

Pythagoras 540 vor Christus: *"Du kannst erst frei sein, wenn du weisst, wer du wirklich bist und was du brauchst und was du nicht."*

Wichtig für mehr Selbstfindung ist, die Aufmerksamkeit in sich zu kchren. Was bei monotonen Momenten passiert. Oftmals kommen hier auch die besten Ideen in den Sinn, weil das Gehirn die Aufmerksamkeit nicht nach aussen lenkt. Diese Selbstbeobachtung, oder auch Introspektion genannt, ermöglicht es, das eigene Erleben und Verhalten zu reflektieren und zu analysieren, um tiefere

Selbsterkenntnisse zu erlangen. Sie ist für die eigene Bewusstseinsbildung und das Selbstbewusstsein unentbehrlich. Daher ist sie ein wichtiger Aspekt in der Meditation, der Philosophie und auch der Psychologie. Seit der Antike verwenden Menschen ein Hypomnema, ein Notizbuch als materielles Gedächtnis gelesener, gehörter und gedachter Dinge oder ein Tagebuch als ein Hilfsmittel zur Selbstbeobachtung. Daraus gewinnen wir tiefe Einsichten über uns selbst, unser Verhältnis zum Leben, zur Welt und zu anderen Menschen. Immer wenn wir nun einen Gedanken bemerken, der mit den Worten „Ich sollte..." beginnt, ist es wichtig, diesen genau zu hinterfragen. Oft entspringen solche Gedanken einem Gefühl der Schuld oder sozialen Erwartungen. Etwas nur zu tun, weil wir glauben, dass wir es sollten, deutet darauf hin, dass wir es eigentlich nicht tun möchten. Dies macht uns unglücklich und unaufrichtig. Wir dürfen also alle "sollten" aus unserem Leben streichen.

DISCOVER

Doch nur in einer stillen Ecke zu sitzen und zu hoffen, dass die persönlichen Werte vom Himmel fallen, wäre obsolet. Es ist genauso wichtig, sich in viele verschiedene Situationen zu begeben, um überhaupt erst entscheiden zu können, was einem gefällt. Um bei solchen neuen Erlebnissen und Introspektionen zu erkennen, wer man ist, muss man offen sein. Schnell mal fallen wir wieder in unsere Rollen und Etiketten und limitieren uns. Man selbst ist nämlich nicht das Erlebte, sondern jener, welcher die neuen Erlebnisse beobachtet. Ab hier wird es interessant, da man sich nicht mehr hinter einer Maske verstecken muss, um sein Ego vor Verletzungen zu bewahren.

Folgende Fragen hingegen bringen uns auch näher zu unserem wahren Selbst:

Wo fühle ich mich am freiesten, so zu sein, wie ich bin?

Wann verstelle ich mich, und warum?

Welche Version von mir selbst würde ich zeigen, wenn ich keine Angst vor Kritik hätte?

Was gibt mir tiefen inneren Frieden oder Freude?

Für welche Werte bin ich bereit, Widerstände in Kauf zu nehmen?

Welche Schritte bringen mich näher an das Leben, das ich mir wirklich wünsche?

Steve Jobs sagte: *"Wenn du ein Problem bis ins kleinste Detail korrekt definieren kannst, hast du bereits fast die Lösung."* Auch wenn wir uns gewisse Fragen vielleicht ungern stellen, liegt genau hier eine Botschaft. Wie unangenehmer die Frage ist, desto stärker haben wir sie unterdrückt und desto mehr potenzielle Zufriedenheit birgt sich in ihr! Daher können auch folgende Fragen für die persönliche Entwicklung von grosser Bedeutung sein:

Wann fühle ich mich ängstlich oder unglücklich und warum? Wie könnte ich die Situation anders bewerten?

Welche Begierde ist nicht erfüllt und warum habe ich diese Begierde überhaupt?

Es gibt unzählige Dinge, die wir täglich, grösstenteils unbewusst tun, um unsere Ängste und Sorgen oberflächlich zu reduzieren. Ob die jeweilige Aktivität dazugehört, geben uns folgende zwei Fragen Orientierung:

Bringt mir diese Strategie nur kurzfristig Erleichterung und muss ständig wiederholt werden?

Bringt mich die Strategie von meinen Wertvorstellungen und Visionen ab?

Ablenkung, Kontrolle und Vermeidung. Aber auch grübeln und sich Sorgen machen sind mentale Sicherheitsstrategien. Sie zu erkennen ist der erste Schritt, um sie später zu verstehen und zu lernen, auf eine gesunde und befreiende Weise mit ihnen umzugehen. Für Indianer heisst krank werden immer, die Wahrheit vermieden zu haben. Wahrhaftig kann man heute bei vielen psychischen Krankheiten dasselbe sagen.

Eines der effektivsten Gedankenspiele, um seiner wahren Hingabe zu entdecken, besteht darin, sich vorzustellen, dass man alle seine Ziele und Wünsche bereits erfolgreich erreicht hat. Man versetzt sich gedanklich in ein Leben mit dem perfekten Partner, Traumauto, Traumhaus, idealem Körper, immensem Reichtum und höchstem Status. In diesem Szenario ist man der Gewinner, der alles erreicht hat, was er je wollte. Sobald man sich in diese Haltung hineingedacht hat und erkennt, dass das, was man bereits besitzt, mehr als genug ist, stellt sich die Frage: Was nun? Weil aus dieser Position aus, muss man nichts mehr erreichen oder beweisen, sondern man will. Wer jetzt sagt, dass er verreisen würde, um endlich sein Traumland zu besuchen, hat beim vorherigen Schritt nicht zu Ende gedacht, da die Traumländer jene sind, die wir bereits bereist haben. Also, wieder stellt sich die Frage, was nun? Man merkt, dass die folgende Aktivität, jetzt wo alles "Erstrebenswerte" erreicht wurde, etwas "verlaufsoffenes" sein muss. Und nicht wieder ein Ziel, welches man abhaken kann. Die Idee hinter diesem Selbstexperiment besteht auch darin, die Zufriedenheit nicht aufzuschieben, bis man ein bestimmtes Ziel erreicht hat. Diese Genugtuung bietet einem eine innere Ruhe und heitere Gelassenheit. Da man nichts mehr WERDEN muss, gibt es jetzt nur Platz, um zu SEIN. Hier entdeckt man wieder seine echten Gefühle, da man mit dem Kopf nicht bereits bei der nächsten Aufgabe ist, um etwas zu erreichen. Was zum anderen bleibt, sind alle Aktivitäten, die jetzt noch für uns interessant sind. Hier verbergen sich unsere wahren intrinsischen Leidenschaften. Diesen Zustand kennen wir doch von irgendwo?

In der oft genannten besten Zeit unseres Lebens hatten wir nämlich auch keine Ziele - unsere Kindheit. *"Wahrlich, ich sage euch, wenn ihr nicht umkehrt und werdet wie die Kinder, so werdet ihr nicht in das Reich der Himmel eingehen"* *(Bibel, Mt 18,3).* Als Kind war man vollkommen präsent im Augenblick und in der Handlung, ohne etwas dafür zu bekommen. Die Handlung an sich reichte uns vollkommen aus.

Natürlich ist auch das weltweit bekannte Meditieren oder auch Journaling erstklassig für mehr Klarheit. Am besten koppelt man solche neue Gewohnheiten an bereits vorhandene Gewohnheiten, die man auch täglich ausübt, wie etwa Nachtessen oder Zähne putzen. Wichtig hierbei ist nicht die Dauer, sondern die Regelmässigkeit. Deshalb startet man besser mit 5 Minuten, da diese leichter zu planen sind als 30 Minuten. Keine Methode ist perfekt, aber jede hilft, um sich selbst besser kennenzulernen. Die Grundvoraussetzung ist nicht, perfekt zu sein, sondern einfach man selbst sein zu wollen und bestehende Blockaden zunächst zu akzeptieren. Nur wer seine Illusion über sich selbst und seine Ziele loslässt, kann sein wahres Potenzial finden und entwickeln, nur wer seinen falschen Stolz loslässt, kann weniger feindlich zu sich selbst sein und ein solides Selbstbewusstsein aufbauen. Unser Selbstvertrauen speist sich also nicht aus der Erwartung auf Erfolg, sondern aus der Freude am Lernen – ob man nun scheitert oder nicht, spielt keine Rolle. Wir kultivieren so die Bereitschaft, auch dann unseren Weg zu gehen, wenn wir dafür nicht extern belohnt werden. Nur wer sich von den Zwängen der Gesellschaft abwendet, kann seine persönlichen Visionen und Ideale finden. Nur wer seine existenziellen Konflikte annimmt, kann diese hinterfragen und sich danach davon lösen.

PLAY

"Ein Schiff, das im Hafen liegt, ist sicher, aber dafür werden Schiffe nicht gebaut." - englisches Sprichwort

Sobald man weiss, wer man wirklich ist und welche Vision man hat, weiss man auch, wie man die Segel setzen will. Ohne sich und seine Vision zu kennen, ist kein Wind der richtige. Man ist ein Spielball der Umstände ohne Selbstverantwortung. Hier findet man keine Erfüllung, da man nicht selbstbestimmt am Leben teilnimmt. Integrität ist jedoch sehr wichtig für das Glücksempfinden und den Selbstwert. Ansonsten fällt es einem auch schwer, einen Sinn zu sehen, jeden Tag aufzustehen und alle Hindernisse anzupacken.

Wichtig bei der für sich erstellten Vision ist, dass sie überein mit den eigenen Werten ist und kein fixiertes Ende hat. Zum Beispiel die Vision: Mit einer gemütlichen Heiterkeit so viel Neues zu lernen und erleben wie möglich. Entscheidend ist, dass es wirklich unsere eigene Vision ist – und nicht eine, die sich bei anderen grossartig anhören würde. Status, Reichtum, Anerkennung, Berühmtheit können eine Folge unserer neuen Vision sein, jedoch nicht die Motivation oder Ursache.

Bei einer Zielsetzung ist es wichtig, sich dem Weg bewusst zu sein. Wenn man in einer Sportart der Beste sein will, heisst das, man muss sich von vielen Dinge enthalten und wiederum für viele Dinge verpflichten. Die meiste Zeit ist geprägt von vielen Trainingseinheiten, gezielten Schlafphasen und gesundem Essen. Alles, um für einen Bruchteil der Vorbereitung im Wettkampf zu glänzen. Dazu kann man sich verletzen und muss auch in Kauf nehmen, vielleicht niemals zu gewinnen. Deshalb sollten wir uns mit dem Weg

befassen und dann entscheiden, ob uns der Weg
zum Ziel glücklich macht. Falls ja, und jeglicher
Aufwand es wert ist, hat man seine Vision gefunden.

Auch wichtig ist trotz der Wahl, die man trifft,
offen und spontan zu bleiben. Es ist bedeutend,
eine Richtung einzuschlagen und ihr zu folgen.
Wenn man aber unterwegs merkt, dass man hierbei keine Sinnhaftigkeit verspürt und sich das
auch in der nahen Zukunft nicht ändern sollte, ist
es wichtig, seinen Weg zu hinterfragen. Das
Grossartige ist, dass all diese Entscheidungen zur
persönlichen Glücksentfaltung nur beitragen, solange man sie bewusst durchlebt. In diesem Fall
kann man nämlich auf jedem eingeschlagenen
Weg nur gewinnen oder lernen! Falls der Weg
Zufriedenheit mit sich bringt, gewinnen wir neben Freude auch an Energie und Lebensqualität.
Doch falls wir eine Korrektur unserer Vision erbringen müssen, haben wir wieder mehr über uns
selbst gelernt. Und je besser wir uns kennen,
desto freudiger und leichter fällt uns das Leben.
Während wir nicht von heute auf morgen die
Leistungsgesellschaft ändern können, in der wir
leben, lässt sich trotzdem an unserer Einstellung
zum Beruf arbeiten. Auch hier liegt die Kraft in
der Sinnhaftigkeit, die wir selbst unseren Aufgaben geben. Wir können bei der Müllabfuhr den
Dreck Fremder aufräumen oder wir können die
Sauberkeit und damit einhergehende Hygiene und

Gesundheit einer ganzen Gesellschaft enorm verbessern. Jeder Beruf bringt einen Mehrwert für die Gesellschaft und kann dadurch als relevant und sinnvoll betrachtet werden. Wenn man jedoch nicht regelmässig in sich hineinfühlt, besteht die Gefahr, dass unbewusste Muster oder äussere Einflüsse uns von unseren wahren Absichten ablenken. Die Muster "Überleben und Fortpflanzen" nehmen wieder überhand, selbst wenn die Tätigkeit die gleiche bleibt. Es ist somit ein dauerhafter, aktiver Prozess, welcher aber genossen werden darf.

Lob und Tadel bringen den Weisen nicht aus dem Gleichgewicht. – Buddha

Oftmals haben die meisten Menschen Mühe, sich zu entscheiden. Man will das Beste von allen Möglichkeiten oder versucht, die eigene Freiheit nicht für den einen Weg zu verlieren. Da man nicht alle möglichen interessanten Wege gleichzeitig gehen kann, kommt oft noch die Angst hinzu, den falschen Weg auszuwählen. Was passiert, ist, dass man sich für keinen entscheidet, um alle Optionen für sich offenzuhalten. Viele verwechseln jedoch Freiheit mit Möglichkeiten. Welcher Mensch ist freier: jemand, welcher sich für einen Weg entschieden hat und mit auf diesen Weg voranschreitet oder jemand, welcher zwischen hunderten Möglichkeiten stets abwägt und innerlich hin- und her gerissen ist? Die deutsche Sprache verdeutlicht dies wieder prächtig mit dem Wort "ver-zwei-feln". Verzweifelt fühlt man sich, wenn man zwei nicht kompatible Sachen zur gleichen Zeit will. Man will das Sixpack für nächsten Sommer, aber man will auch den feinen Kuchen essen, den die Kollegen mitgebracht haben. Man weiss, dass beides gleichzeitig dauerhaft nicht geht. Dies führt zu Stress. Deshalb ist es so wichtig, sich seinen Werten und Prioritäten bewusst zu sein, um ohne Reue oder Zweifel eine Entscheidung zu treffen. Viele Möglichkeiten zu haben, macht uns somit nicht automatisch freier. Um uns selbst zu verwirklichen, müssen wir eine Wahl treffen. Doch wozu das Ganze? Was ist das Endprodukt?

Auf unserer Reise der Selbstentdeckung und Selbstakzeptanz, bei der wir uns von den Zwängen gesellschaftlicher Erwartungen befreien, entspringen unsere Handlungen einer tiefen und mächtigen Quelle:

HANDELN AUS LIEBE

"Wir sollten das machen, was wir lieben und wenn das nicht geht, zumindest lieben, was wir machen."

Jede Handlung und jede Entscheidung, die wir treffen, lassen sich auf zwei Beweggründe zurückführen: Liebe und Angst. Man treibt zum Beispiel Sport, weil man Angst hat, von der Gesellschaft körperlich abgelehnt zu werden – oder aus Liebe zur Bewegung. Man geht arbeiten, weil man Angst hat, seinen Lebensstandard nicht halten zu können – oder aus Liebe zur Tätigkeit. Man duscht sich, weil man Angst hat, anderen unangenehm zu riechen – oder aus Liebe zu einem frischen, wohlduftenden Gefühl.

Diese Angst kommt, wie wir uns schon denken können, von unseren Genen, genauer gesagt unserem evolutionären Drang nach Sicherheit. Wir werden versklavt von primitiven Trieben, da wir hier nicht ein freies und selbstbestimmtes Leben führen können. Diese Sucht nach Sicherheit und Fortpflanzung wird oft vereinfacht als Ego bezeichnet. Denn es ist unser Ego, das wie ein kleines Baby in unserem Kopf versucht, uns sicher zu halten, indem es sich niemals zufrieden gibt und immer mehr will. In der Hoffnung, dadurch mehr Anerkennung zu bekommen und sich sein

Überleben zu sichern, tun wir alles hochmotiviert, um diese Ziele zu erreichen. Doch eigentlich ist und bleibt es eine Handlung aus Angst, die weder Erfüllung noch Zufriedenheit verspricht. Auch wenn wir vermeintlich liebevolle Taten ausüben, wie zum Beispiel jemandem zu helfen, kann dahinter unser Ego sein, welches die Intention hat, durch das Helfen externe Belohnungen zu bekommen. Man hilft also nicht aus aufrichtigem Interesse der anderen Person gegenüber, sondern aus egoistischen Motiven. Das Handeln bleibt das Gleiche, doch unser Gefühl während des Handelns ist es nicht. Der eine fühlt sich verbunden und gut, das "Richtige" zu tun. Der andere erhofft sich einen Vorteil in der Zukunft und ist im gegenwärtigen Moment nicht glücklich. Beim Begriff Karma, das im Westen eher als Kausalität bekannt ist, dem Prinzip von Ursache und Wirkung, sagt man in den indischen Religionen, dass ehrenvolles Handeln durch eigennützige Absichten sogar "negatives" Karma anhäuft. Also anstatt, dass man in der Zukunft zufriedener sein wird, wird man in Wirklichkeit nur unzufriedener. Verständlich, da man hier wieder sein Glück an viele Bedingungen knüpft, die im Aussen verankert sind. Es geht also darum, extrinsische Motivationen zu überwinden. Erst wenn wir uns davon lösen, können wir wahrhaftig aus Liebe handeln und leben.

"Solange der Mensch sich fürchtet, durchschaut zu werden, kann er weder sich noch andere erkennen – er wird allein sein." – Hildegard von Bingen

Wenn man diese Ego-Trips hinter sich lassen kann, ist man auf dem Weg zum Inneren. Hier erwartet uns ein inneres Wachstum, Selbstverwirklichung und das Einfach-Mensch-Sein. Bei der Trennung von Wohlstand und Anerkennung geht es nicht um die Sache selbst, sondern um die Bindung dazu. Dies kann als schwierig erachtet werden, denn wie oben erläutert, liegt es in unseren Genen, dies zu jagen. Hinzu kommt, dass man als Baby und Kleinkind lernt, von der Aussenwelt abhängig zu sein. Ohne eine Erziehungsperson überlebt man die Natur als Baby nicht und in dieser Zeit prägt sich der Charakter und die Denkweise eines Menschen am stärksten. Die meisten Menschen behalten dies bei und handeln deshalb lebenslang aus Angst.

Auf dieser Angst basiert auch massgeblich unsere heutige Wirtschaft. Nichts anderes beeinflusst unser Konsumverhalten mehr. Warum kaufen so viele Menschen Taschen, auf denen die 2 Buchstaben "LV" stehen und zahlen dafür Unmengen Geld, welches durch limitierte Zeit wieder erarbeitet werden muss? Die Funktion ist dieselbe wie bei einer normalen Tasche. Jedoch erhofft man sich bei einer Markentasche äussere Anerkennung. Dabei zahlt man einen weit höheren Preis als jenen, welche die Tasche kostet.

Ein Versuch im Kindergarten zeigt, dass sich intrinsische Motivation nach und nach verliert, wenn Menschen mit einer Welt konfrontiert werden, in der alles Verhalten extern motiviert wird. In dem Experiment wurden Kinder aufgefordert, Zeichnungen anzufertigen. Einigen wurde versprochen, dass sie dafür eine Urkunde erhalten würden, anderen jedoch nicht. Als man die Kinder später erneut zeichnen liess, diesmal ohne Belohnung für beide Gruppen, hatten die Kinder, die zuvor eine Urkunde bekommen hatten, kein Interesse mehr. Die Kinder, die zuvor keine Urkunde erhalten hatten, hingegen schon. Die versprochene Anerkennung hatte ihre intrinsische Motivation zerstört: Sie hatten gelernt, nur für eine Belohnung zu zeichnen. Nach diesem Muster löschen sogenannte "Wenn-Dann-Belohnungen" mit der Zeit die intrinsische Motivation für viele Tätigkeiten aus. Als Kinder werden wir von einer inneren Lust angetrieben zu lernen, zu entdecken und auch anderen zu helfen. Diese Freude an der Sache selbst erfordert keine Überwindung und führt daher auch nicht zu psychischer Erschöpfung. Das Ergebnis ist, dass wir über deutlich mehr Energie verfügen. Die Idee ist nicht, externe Belohnungen zu verteufeln und abzulehnen. Geld oder andere Anerkennungen dürfen wir annehmen, es soll nur nicht die Triebfeder hinter unseren Absichten und Handlungen sein. Wir bleiben also stets aktiv, gar aktiver, da man nun das macht, was man eigentlich auch von sich aus machen würde, und bekommt als Bonus sogar noch Geld dafür. Dieses Aktivsein aus Liebe zur Sache, ohne sich mit der Arbeit zu identifizieren, wird bei so manchen Mönchen täglich praktiziert. In einigen Klöstern sieht man zum Beispiel, wie mehrere Mönche wochenlang den ganzen Tag, mit maximaler Konzentration, Sandkorn für Sandkorn sorgfältig platzieren, um ein Bild zu erschaffen. Sobald das Bild aus zigtausenden Körnern fertig ist, zerstören sie es resolut. Dies gilt als Übung, sich nicht an Ziele, Menschen oder Gegenstände emotional zu binden oder abhängig zu machen. Am Ende des Tages ist es ein schönes Bild aus Sandkörnern und nicht mehr. Nicht "ihr", sondern "ein" schönes Bild aus Sandkörnern. Es ist das TUN an sich, bei dem die Mönche Sinnhaftigkeit empfinden.

"Mögen deine Entscheidungen deine Hoffnungen widerspiegeln, nicht deine Ängste." - Nelson Mandela

Aus dieser intrinsischen Motivation entstehen auch die nachhaltigsten Taten. Wenn man extrinsisch motiviert ist und sich seinem Ziel nähert, mindert sich die Motivation, da der Leidensdruck sinkt, je näher man seinem Ziel kommt. Das Bedürfnis wird immer kleiner und mit ihr der Grund, weiterhin das gezielte Verhalten auszuführen. Wenn man sich dick fühlt und sich nach körperlicher Anerkennung durch andere sehnt, führt dies zunächst zu einem gesünderen Lebensstil und einer Gewichtsabnahme. Doch sobald das Gefühl des "Dickseins" nachlässt, kehrt man häufig zu ungesunden Gewohnheiten zurück, da das Bedürfnis nach einem gesunden Lebensstil abnimmt. Im Gegensatz dazu steht die intrinsische Motivation: Wer für sich selbst und aus Liebe zu einem gesunden, bewegungsfreudigen Körper handelt, verspürt immer mehr Freude, je näher man seinem Ziel kommt. Letztlich ist es die Nachhaltigkeit, die den langfristigen Erfolg von Absichten und Taten bestimmt.

Wenn wir Schwierigkeiten haben, unsere intrinsische Motivation zu spüren, sollten wir uns wieder intensiver mit uns selbst und neuen Erlebnissen beschäftigen. Wir dürfen nicht nach den ersten Versuchen aufgeben, denn die Liebe entsteht oft nicht als Ursache unseres Engagements, sondern als dessen Ergebnis. Oft sieht man, wie Influencer oder Ratgeber diese und jene Routine oder Technik empfehlen, um diese und jene Effekte zu haben. Doch Zufriedenheit kann man nur selten mit einer Technik oder Anleitung anderer bekommen. Der Weg zum Frieden findet durch Einsicht statt. Wenn man zum Beispiel mit dem Rauchen aufhören will, fällt uns dieses Unterfangen nur selten mit Techniken leicht, wie man in der Gesellschaft gesehen hat. Doch oft hört man automatisch auf zu rauchen, wenn man sich selbst in einem anderen Licht gesehen hat oder mehr über sich und das Rauchen verstanden hat. Wie wenn man die Diagnose Lungenkrebs bekommt, schwanger wird oder ein Erlebnis hat, von dessen negativen Folgen man selbst überrascht ist. Man versteht dann, was für einen grossen Einfluss diese schlechte Gewohnheit hat und kann sich allgemein nicht mit dem Rauchen identifizieren. Man weiss: "Schwangere rauchen nicht und ich bin schwanger, also rauche ich nicht mehr." Die innere Haltung hat sich verändert, anstatt nur das Verhalten ändern zu wollen. Wenn man versucht, durch eine Technik oder Methode etwas zu verändern, entsteht immer ein Abstand zwischen uns und der Sache selbst. Dieser Ansatz erfordert ständige Wiederholung und wird schnell zu einem regelmässigen Kampf, weil man sich ständig verbessern möchte. Dadurch bleibt man in einem dauerhaften Konflikt mit der Sache, da sie noch nicht so ist, wie wir es uns wünschen. Selbstoptimierung ist oft ein schönes Wort für Selbstkonflikt. Viel sinnvoller und gesünder ist es, wenn man mit natürlichem Interesse an die Sache geht und sie zu verstehen versucht. Dies macht mehr Spass, da es nicht mehr aus einem Konflikt herauskommt. Es wird nicht gemacht, weil es gemacht werden sollte oder müsste, sondern weil man es möchte.

Auch die Cherokee waren nachhaltig. Sie sind heute das grösste noch existierende indigene Volk Nordamerikas. Als andere noch grössere Völker wie die Azteken und Maya nach 2 Jahren vollkommen von den europäischen Kolonien besiegt wurden, überlebten die Cherokee selbst nach 200 Jahren Unterdrückung. Dieser Stamm pflegt eine Geschichte, die unserer Denkweise von "Handeln aus Liebe oder Handeln aus Angst" eine gute Metapher bietet.

Ein alter Cherokee erzählte seinem Enkelsohn am Lagerfeuer von einem Kampf, der in jedem Menschen tobte.

Er sagte: "Mein Sohn, der Kampf wird von zwei Wölfen ausgefochten, die in jedem von uns wohnen. Einer ist böse. Er ist der Zorn, der Neid, die Eifersucht, die Sorgen, der Schmerz, die Gier, die Arroganz, das Selbstmitleid, die Vorurteile, die Minderwertigkeitsgefühle, die Lügen und das Ego. Der andere ist gut. Er ist die Freude, der Friede, die Liebe, die Heiterkeit, die Demut, die Güte, das Wohlwollen, die Zuneigung, die Grosszügigkeit, die Aufrichtigkeit, das Mitgefühl und der Glaube."

Der Enkel dachte einige Zeit über die Worte seines Grossvaters nach und fragte dann: "Welcher der beiden Wölfe gewinnt?"

Der alte Cherokee antwortete: "Der, den du fütterst."

Auch wenn es verständlich ist, dass wir von Natur aus oft aus einer Angsthaltung leben, vermag es kein Millionär, den Preis dafür zu bezahlen! Wir müssen aufhören, Angst als notwendigen Schutz zu sehen. Wir sind bereits "all in" - niemand kommt hier lebend heraus. Sich an "falschen" Sicherheiten zu halten, ist, als würde man sich an die Angst klammern. Die Liebe zu etwas muss grösser sein als die Angst vor etwas. Sonst verharren wir in den ewig gleichen Wiederholungsschleifen. Wir dürfen vertrauen, springen und wir werden sehen, dass der Boden kommen wird. Oft können sensible oder introvertierte Menschen allein gut aus Liebe handeln, da sie sich selbst gut spüren und wissen, was ihnen guttut. Allerdings ändert sich das schnell, wenn die Handlung einen Zusammenhang mit anderen Mitmenschen hat. Hier strebt man schnell wieder nach Anpassung und Sicherheitsdenken! Auch wenn man in solchen Situationen an sich "liebevolle Taten" verbringt, ist die falsche Intention, nämlich anderen zu gefallen, aus Angst, nicht ausgestossen zu werden, für sich genommen egoistisch. Generell bedeutet "aus Liebe zu handeln", keine egoistischen Intentionen zu hüten. Die meisten lieben andere, weil sie als nützlich betrachtet werden. Sie sind für uns da, geben uns Aufmerksamkeit oder unterhalten uns. Dabei lieben wir nicht die Person an sich, sondern oftmals nur ihre Nützlichkeit und Liebe für uns, und somit sind wir wieder auf uns bezogen. Befreien wir uns vom Konkurrenzdenken, bei welchem wir uns negativ vergleichen, bewerten und gegeneinander statt miteinander kämpfen.

Wir sind bereits angekommen. "Zu leben" heisst, es bereits geschafft zu haben. Im Wettlauf um die Geburt haben wir gegen hunderte Millionen andere gewonnen. Wir müssen niemandem etwas beweisen – weder unseren Eltern, Lehrern, Bekannten oder Freunden, noch uns selbst.

Jetzt können wir von dem Erfolg unseres Lebens profitieren, indem wir unsere Lebenszeit mit so viel echter Liebe wie möglich füllen:

"Zeit: Alles beansprucht sie, nur die Liebe benutzt sie." – Paul Claudel

Wir dürfen uns aber immer auch daran erinnern, dass aller Anfang der Liebe die Selbstliebe ist. Angenommen wir haben einen Hund. Er wird krank und der Tierarzt verschreibt ihm ein Medikament. Wir würden den ärztlichen Rat doch nicht hinterfragen und das Rezept verfallen lassen, oder? Allerdings ignoriert jeder dritte Mensch die Rezepte, die er von Ärzten verschrieben bekommt. Gehen wir mal davon aus, dass Ärzte keinen Nonsens verschreiben. Da stellt sich doch die Frage: Warum pflegen wir unsere

Haustiere besser als uns selbst? Unter anderem deshalb, weil es uns an Selbstliebe mangelt! Wir sind uns unserer eigenen Makel oft schmerzlich bewusst, was zu einer Art Selbstbestrafung führen kann – der unbewussten Überzeugung, dass wir es nicht verdienen, uns gut zu fühlen. Deshalb kümmern wir uns oft besser um andere als um uns selbst.

Fangen wir auch hier am besten damit an, unser eigenes Denken und Handeln zu reflektieren. Beobachten wir, wie viele Ego-bestimmte Gedanken uns am Tag durch den Kopf gehen – und wie sehr sie uns einnehmen. Vielleicht bemerken wir dabei zum Beispiel, dass wir fremde Anerkennung suchen und uns um unseren Status oder unsere Aussenwirkung sorgen. Versuchen wir, diese Gedanken zu verstehen und loszulassen. So hetzen wir uns nicht für Ziele ab. Dafür ist das Leben zu kurz. Achten und schätzen wir tagtäglich die kleinen Geheimnisse und Lektionen, die sich uns auf unserem Weg verstecken. Füllen wir dabei unser Leben mit so viel Lernen wie möglich. So können wir stolz sein auf das, was wir tun, Mitgefühl zeigen, Ideen teilen und intensiver lieben. Es geht dabei nicht darum, immer produktiver zu werden, sondern vielmehr darum, immer bewusster bei der Tätigkeit und bei sich selbst zu sein. Der Rest besteht darin, zu erkennen und zu geniessen.

SCHLUSSWORT UND DANK

Wie wäre eine Welt, in der jeder versteht, dass genug zu haben wahrer Reichtum ist? Eine Welt, in der wir uns von Abhängigkeiten befreien und das Leben nicht als ein ständiges Müssen oder Sollen erleben, sondern als ein Dürfen, ein Wollen, ein freies Experimentieren. Wo wir nicht mehr Opfer unserer Ängste sind, sondern die Verantwortung für unser Dasein mit Liebe und Akzeptanz tragen.

Wie würde unser Zusammenleben aussehen, wenn wir nicht im Mangel denken, sondern in der Fülle? Wenn wir einander nicht durch Vergleich und Wettbewerb bewerten, sondern durch Mitgefühl und gegenseitigen Respekt bereichern?
Wäre das nicht eine Welt, in der wir mit dem Herz auf der Zunge lernen, uns selbst und einander zu verstehen? Ein Ort, an dem die Freiheit, die wir in uns tragen, keine Last ist, sondern ein Geschenk? Ein Leben, das wir nicht zu kontrollieren versuchen, sondern mit all seinen Facetten umarmen.

Diese Fragen kann jeder Leser für sich selbst beantworten. Die Antwort mag jedoch für die meisten die Gleiche sein, denn nichts, was hier geschrieben steht, ist eine Neuheit. Wir wussten

59

hiervon das meiste schon und haben es vergessen. Doch wir dürfen uns jetzt wieder daran erinnern. Der Weg in ein zufriedenes Leben geht stets von gewusst zu bewusst. Sei es bei den griechischen Stoikern, die 300 vor Christus in den Philosophie-Schulen lehrten. Sei es bei den 3 grossen Philosophien des Ostens: Buddhismus, Taoismus und Hinduismus, die ihre Weisheiten bereits Tausenden mündlich weitergaben, bis sie ca. 1500-500 vor Christus niedergeschrieben wurden. Oder sei es auch bei kleinen Naturvölkern bis hin zu den zwei grössten Weltreligionen namens Christentum und Islam – überall findet man erstaunlich viele Ähnlichkeiten, wie man ein erfüllendes Leben führt. Man erkennt viele gleiche Weisheiten, nur mit anderen Protagonisten. Auch wenn der wissenschaftliche Fortschritt viele traditionelle religiöse Erklärungen verdrängt hat und für manche Menschen ohne den Glauben an ein Jenseits eine gewisse Leere entstanden ist, zeigt sich, dass die heutigen Ideale der Konsumgesellschaft nicht in der Lage sind, diese spirituelle oder existenzielle Lücke zu füllen. Ablenkung, beruflicher Erfolg, starke Popularität und materieller Konsum - nichts davon gibt uns nachhaltige Zufriedenheit. Im Gegenteil, die Jagd danach führt zu Verzweiflung, Stress, Narzissmus, Vereinsamung und Depression. Hier kommen wir zurück zu dem antiken Wissen, das in den letzten Jahrzehnten auf ihre praktischen Weisheiten und die dazugehörigen Denkanstösse untersucht wurde.

Selbsterkenntnis, Selbstverantwortung, Achtsamkeit, Einsicht, Akzeptanz, Genügsamkeit und Liebe predigten die meisten Philosophen und Gelehrten der Antike. Sie wurden jedoch oft verkompliziert beschrieben, wodurch die Philosophie oft als Ganzes im Schatten der Gesellschaft blieb.

Dieses Buch ist das Ergebnis vieler Inspirationen – von den Weisheiten antiker Schriften bis hin zu den Gedanken moderner Philosophen, die ähnliche Ideen teilen. Die hier gesammelten Erkenntnisse sind das Produkt eines vierjährigen, stetigen Prozesses, der ursprünglich nicht für eine Veröffentlichung vorgesehen war. Daher ist es mir leider nicht möglich, alle Denker und Autoren einzeln zu nennen, die mit ihren Gedanken indirekt Teil dieses Werks geworden sind.

Wie schon Bernhard von Chartres im 12. Jahrhundert so treffend sagte: "Ich bin ein Zwerg auf den Schultern von Riesen."

Mein tiefster Dank gilt all jenen, die mich inspiriert haben, und ebenso Ihnen, liebe Leserinnen und Leser. Ich hoffe von Herzen, dass Sie beim Lesen genauso viel Freude empfunden haben, wie ich sie beim Schreiben hatte.